DATE DUE

¿Dónde estoy?

Bobbie Kalman

Crabtree Publishing Company

www.crabtreebooks.com

Creado por Bobbie Kalman

Autor y Jefe editorial
Bobbie Kalman

Consultores pedagógicos
Reagan Miller
Joan King
Elaine Hurst

Editores
Joan King
Reagan Miller
Kathy Middleton

Revisor
Crystal Sikkens

Investigación fotográfica
Bobbie Kalman

Diseño
Bobbie Kalman
Katherine Berti

Coordinador de producción
Katherine Berti

Técnico de preimpresión
Katherine Berti

Fotografías
BigStockPhoto: p. 15 (top right)
Circa Art: p. 16 (bottom)
Digital Stock: p. 7
iStockphoto: p. 4
Shutterstock: cover, p. 1, 3, 5, 6, 8, 9,
   10, 11, 12, 13, 15 (except top right)

Catalogación en publicación de Bibliotecas y Archivos Canadá

Disponible en Bibliotecas y Archivos Canadá

Información de catalogación en publicación de la Biblioteca del Congreso

Disponible en la Biblioteca del Congreso

Crabtree Publishing Company

Impreso en China/082010/AP20100512

www.crabtreebooks.com   1-800-387-7650

Publicado en Canadá
Crabtree Publishing
616 Welland Ave.
St. Catharines, Ontario
L2M 5V6

Publicado en los Estados Unidos
Crabtree Publishing
PMB 59051
350 Fifth Avenue, 59th Floor
New York, New York 10118

Publicado en el Reino Unido
Crabtree Publishing
Maritime House
Basin Road North, Hove
BN41 1WR

Publicado en Australia
Crabtree Publishing
386 Mt. Alexander Rd.
Ascot Vale (Melbourne)
VIC 3032

Palabras que debo saber

playa

cañón

cueva

acantilado

desierto

isla

montaña

llanura

océano

ola

La tierra tiene formas diferentes.

En algunos lugares la tierra es plana.

En otros lugares la tierra es elevada.

Las diferentes formas de la tierra se llaman **accidentes geográficos**.

¿Dónde estoy?

Hay accidentes geográficos elevados

y rocosos a mi alrededor.

Se llaman **montañas**.

Estoy sentada sobre una montaña

con una amiga.

¡Trepamos hasta aquí arriba!

Estoy en un campo plano sin árboles.

El campo tiene pasto y flores.

¿Dónde estoy?

Estoy en una **llanura**.

Estoy en un lugar seco.

No llueve mucho aquí.

¿Dónde estoy?

Estoy en un **desierto**.

Estoy en un lugar oscuro
debajo de una gran roca.
Se parece a una
habitación.
¿Dónde estoy?
Estoy en
una **cueva**.

Estoy sobre agua salada.
En el agua hay
muchas **olas**.
¿Dónde estoy?
Estoy en un **océano**.
¡Una ola grande me persigue!

Estoy al lado del océano.

La tierra es arenosa y plana.

¿Dónde estoy?

Estoy en una **playa**.

Hay agua alrededor de todo este accidente geográfico.
¿Dónde estoy?
Estoy en una **isla**.

isla

Estoy sentada sobre una roca
alta encima del océano.
¿Dónde estoy?
Estoy sobre un **acantilado** con mi hermana.

acantilado

Hay rocas grandes a mi alrededor.

Hay un agujero profundo detrás de mí.

¿Dónde estoy?

Estoy en un **cañón** con mi mamá.

¿Qué niños están:

1. en una cueva?

2. sobre una montaña?

3. en un cañón?

4. sobre un acantilado?

5. en el océano?

Respuestas

1-D   2-B

3-C   4-E

5-A

Notas para los adultos

¿Qué son los accidentes geográficos?

Los accidentes geográficos son la forma que tiene el terreno sobre la Tierra. *¿Dónde estoy?* lleva a los niños a conocer algunos de los accidentes geográficos de la Tierra, como las montañas, las cuevas, las playas, los acantilados, los desiertos y demás. A los niños se les muestran fotos y pistas verbales para que adivinen dónde está cada niño que aparece en la foto.

¿Qué accidentes geográficos hay cerca de aquí ?

¿Cuáles de los accidentes geográficos que se muestran en este libro están cerca de donde viven los niños? Pídales que le den un vistazo a la pintura que hace la niña de la página 4 y pregúnteles qué accidente geográfico piensan que es el de la pintura. ¿Qué más pueden ver en la pintura (pasto, flores, agua, sol y casas)? Pida a los niños que observen cómo se ve la tierra mientras regresan de la escuela a casa. ¿Hay áreas planas con flores? ¿Hay áreas elevadas? ¿Hay áreas con agua? Pídales que hagan un dibujo de lo que hayan visto.

Los accidentes geográficos a través del arte

Hay muchos artistas que pintan paisajes. Busque en la biblioteca algunos libros de arte donde se representen paisajes y muéstreles a los niños los accidentes geográficos a través del arte. Pídales que practiquen pintando algunos paisajes. Luego organice una excursión y pídales que pinten los paisajes tal como son.